给 ❤ 画一个世界

倪誉晏 著

亚洲文化出版社

本书由美国 Asian Culture Press 出版

Published by Asian Culture Press
444 Alaska Avenue, Suite #AZF046,
Torrance, CA 90503, United States
Web:www.isbnagent.com

Edited by **Yuyan Ni**

Published in the United States of America
First paperback edition March 2022
本书2022年4月在美国第一次出版

序 言

　　每一个人都有其思想,每一段话都有其灵魂。在生活的摸爬滚打中,渐渐地悟透了生活。

　　这个世界每一个人都是矛盾体,在局外时清醒着,在局内却又迷失了自己。更可笑的是,局外人笑局内人,自己一会儿是局外人,一会儿又是局内人,自己笑话自己却不自知。

　　我们来到这个世界上,本是一张白纸,很白很白,很纯净的,没有一丝的杂念。却入了红尘这个大染缸,它缤纷多彩,或好或坏,让每个入了局的人都无法自拔。红尘纷乱,或为了生存无法选择自由,或为了利益绞尽脑汁。无论是穷人还是富人,都活得很累很累。再加上这几年的疫情,人们需要喘息一下,需要同频一下,需要自省一下。

　　从2018年至今,心里感触特别的深。这个世界啊,有时候令人太无助、太伤心。一颗受伤的心在沉淀着思想,慢慢地我想明白了,这个世界太复杂了,染得人心也太复杂了。有太多个夜晚,我都望着窗外,希望夜晚的宁静能带来一丝的安慰;希望这夜的幽静能带去我的忧思;更希望这静夜读懂了我的内心。

　　就以此静思结束序言,以此来作为你我交流的开始。

静思

静夜退去了繁华,退去了急躁,
才发现原来安静的独处,
是一种心灵仰望月光的恬静,
也才明白古人为何要以月来寄托相思之情。
皎皎月光,浩瀚宇宙,月如一孤人,
将心中最深的思念发光照耀。

壬寅年三月二十六日
倪誉晏

作者简介

倪誉晏，一个随心而走的人，喜欢入心的文字。
爱好诗歌、朗诵、设计、化验等等。

无言之言，
本就是心事难诉说。
寥寥数语，
只希望能说尽你我的心里。

目录

第一章

当我在这个世界上被伤透了心后，
我觉得应当与你们一起谈谈我自己的看法，
我也知道很多人和我一样受到了伤害，
我们可以一起诉说，
一起努力，
让自己安心、淡然和宁静。

心与光

没有灯光的夜晚,房间总是显得很小。
那是因为你的眼里缺少那一束明亮的光。
就如这心受了伤,便是暗淡。

在那些暗淡的黑夜里,
我的一颗心在追着星星。
它就是那一束光在闪耀,
映照在我的眼睛里亮晶晶,

这本应该是一个多么平静的世界啊,
不知道从何时起,让我惴惴不安。
在这次苦难中,
人们是多么的不团结,
为了自己狠心的放下了大义,
在这场本该尽快结束的灾难中,
很多人却在追求着所谓的自由。
试问一下,
当我们的生命受到了威胁,
当我们的父母孩子们、甚至我们自己---
都在苦难中,
我们的自由用来干什么?
自由是为了让我们更好更有自尊、更快乐的活着.
不是为了纵容我们的自私自利、
不顾他人、甚至不顾惜自己的生命;
不是为了争一口气,
却让我们的生活满目疮痍;
更不是为了让我们眼睁睁地看着世界多灾多难,
而我们却还在添乱。
我们的世界应该是什么样子?
我们的自由该是什么样子?
自由就是当我们睁开眼时,
有一道温暖的光洒在身上;
当我们散步时,
柳叶飞舞、花开正艳;
当我们睡觉时,
可以踏踏实实地做着美梦安睡。

1

淡然

当看淡一切宠辱,心就不会受伤。
人世间,值得的,便去珍惜;
不值得的,放下就好!

淡然就是我不再在乎你的目光,不在乎你的恶言,
不在乎你对别人好与我疏远。
我只静静地看着你,没有悲喜,没有波澜,
我只告诫自己,我与你现在已经不是朋友,
只是认识的普通人而已。

淡然就是我只按照自己的方向去努力,
不在乎你的炫耀,不在乎你有多厉害。
我只默默地努力,向自己的方向前进,
只要我明白的知道自己要做的是什么。

淡然就是我可以安静地坐在那里,听自己的心声,
让心与思想碰撞,让自己依旧善良但又带着刺。
善良留给善良,刺要扎向邪恶。

我的淡然依旧不在乎你的目光,不在乎你的恶言,
因为我的刺扎向了你,给你一个教训,
我淡然一笑着离开,
没有胜利后的悲喜,只有平静的淡然。

最美的人生是一份淡然与从容,
正如琴棋书画都在于宁静,
美不在于炫耀,而在于宁静。

正向激励

经历人世太多后才明白，
当我们委屈时，
那个倔强不服输的精神会令人敬佩。
如果我们一委屈就自暴自弃、
摔碟摔碗、对人冷言冷语，
只会惹来反感，
还被人笑话、看不起。
当我们化悲痛、挫折为力量，
凭一股不服输的劲去努力、去改变、去微笑，
我们身上的色彩将熠熠发光，

我们得到的将是赞扬和钦佩。

当我们一受委屈，就怨天尤人；
当我们一受委屈，就报复社会，就不爱惜自己，
那我们就是上了恶人的当，
当我们无能时，
他们会很高兴，
他们会肆无忌惮，
他们会把凌弱当成乐趣。
我们为什么要怨天尤人？
我们要去化愤怒悲伤为力量，
偷偷地去努力。

怨天尤人是自己没本事。
怨天尤人干什么？
赶紧回去努力，
想尽一切办法，
让自己成为社会的精英，
成为行业的专家，
当我们有了绝对的话语权后，
我们就可以联合更多的正义者，
一起努力来惩恶扬善。

人在一点一点长大，
事情在一点一点做成。
凡事都有个过程，不要着急。
只要坚持本心，
顺其自然地做好要做的事，
等积累到一定的程度，
自然会开花结果的。
为自己加油！

事情总是在没有希望时，
突然出现转机；
在不得不放弃时，突然拐了一个弯；
在经过一段休整后，
发现它还在等待着自己继续进行。
这也是成功者的成功之道吧。

4

志向

每个人来到世界上
都有自己的使命和责任。
当目标都清晰后，就坚定地走下去。
即使在最困难的时候，
也请一定要坚持，
告诉自己
这是你的使命，
上天给你的，必须由你来完成，
即使它很小很小。

按照自己的心，
认真的做事，
敢于表达自己的意愿，
敢于争取自己的权利，
敢于拒绝。
让自己活得自信、充实又快乐！

只有闲人才会孤独，
真正有理想并为之奋斗的人，
哪里有时间孤独。
即使她的理想不被人理解，
她仍能活得很快乐，
不在乎别人的目光，
不在乎别人的疏离，
仍然坚定向前进。

让自律成为习惯，
让坚持成就希望，
让努力实现梦想。
不管山高路远，
不管前路是否有迷雾，
我自坚持本心，
不为一时所累，不为一时所惰，
只为春来开花秋后结果。

等待

等待真是磨练性子，
它让我一时焦躁，一时烦恼，一时灰心，
一时充满希望，又一时冷静。
它们反复的交替，
折磨着我的内心，
又让我更加的坚定。
忘却等待的烦恼，继续努力。

不要去等一个希望，
不要去等一个结果。
而是应该去坚持、去努力，
每一个希望和结果
都是在坚持和努力中获得。

我知道，
总会有事情与我预期的不一样，
有些失落，有些忧愁。
当我收到坏消息时，
我不知道继续下去会如何？
但我知道只能坚持着走下去了，
因为它仍是我的希望、我的动力、我的精神支柱。
虽然现在还不理想，
但我告诉自己，
坚持下去就会看到希望，
如果放弃就真的没有了希望。

愿柳暗花明 向阳而笑

人与圣人

人之所以烦躁是因为杂念太多，
而静心又不容易做到。
因为静心需要淡泊地看待诽谤，
需要淡泊地看待名利，
更需要淡泊地对待一切苦难。
这是圣贤的修为！
而人就是人，
有情绪有苦难，
所以难免烦躁。

一个圣贤如果不经历人世的磨难，
是很难体会到这个世界上真正的苦难。
当我们人如孔子一样，
宣扬人性之善时，
却总是会被恶意所不容；
当我们人经历了苦难，
却没有大彻大悟时，
也终究是不成器。
圣人之所以为圣人，
即是经历了人世的磨难，
又是大彻大悟，
并且在磨砺去自己的一切缺点后，
变得更加的至善和充满智慧。
圣贤是来历练和救赎的，
而人只是来历劫的。

迷失

很多人习惯了家长里短，
习惯了说人是非，
把它当做家常便饭。
当伤害了别人，
却理直气壮地说
"谁人背后不说人，
谁人背后不被说。"
可当发现自己被人评论后，
又变得怒不可遏。
呵呵，
人总是在事临自己的身上时，
才觉得谣言可恨。
而自己说着别人时，
却认为是人之常情。
多么可笑的矛盾体，
一边希望世界美好真诚，
另一边自己又在破坏着这和谐。
这世间的事，
都该从自身找问题，
莫让自己成了流言蜚语的帮凶，
莫让人心多了猜忌与疏离。

这世间迷失自己的人还少吗？
当他们在祈求上帝赐福给他们时，
却在破坏着别人的幸福。
战争、欺诈，
哪个不是上帝痛恨的事情？
如果你真想得到幸福，
就把爱传递给别人，
只有这个世界友爱了，
我们才能真正的幸福。

8

痛

每个人都有自己心里的痛点，
在不经意间被别人洒了盐，
会痛上加痛。
而别人是不理解的，
他们不会感同身受的，
因为这不是他们的痛点。
我们因为这痛苦，
在心里久久不能释怀。
而别人呢？
可能只是一句玩笑或者只是平时的习惯行为而已。
所以他们根本不会理解和关心我们的痛点。
然而当他们的痛点不小心被别人激起时，
他们又变得怒不可遏，
怪别人为何不理解他们的痛？
真是可笑，
他们从来不去想当初他们是怎样对待别人的，
现在反过来要求别人理解他们。

选择性失忆不是解决我们痛苦的最佳方式。
我们要做的是将这种痛变为动力，
努力提升自己，
使自己有价值有更多的话语权。
然后我们回头再看她们时，
就会觉得我们已经不在乎那些伤害我们的人、伤害我们的事了，
我们还有更有意义的事要做。

世界上有一部分人不会成为麻木的人，
这部分人应该庆幸，
至少自己活得还是个真实的自己，
保留着自己真正的个性。
即使被伤的很深，
心硬了起来，学会了保护自己，
让自己保持了更多的理性和与距离，
但我们仍然向善。

做自己

我并不想成为别人，
我只想成为我自己，
做一个敢爱敢恨的人。
一个人有心胸，
并不是代表可以一味的被伤害。
一个人有格局，
也并不代表不能做真实的自己。
在这个世界，
当你能力弱的时候，
却仍敢于直面强者，不卑不亢，
那你就会获得尊重。
但你要记住，
想永远获得尊重，
还是要努力提高能力，
让人格和能力一样的强大，
才是长久之计。

人自己的路，
要自己走，
别人无法替代你。
自己的思想要自己醒悟，
别人的鞭子是抽不动的。
不要总是指望别人来点醒你，
再好的建议也唤不醒一个嗜睡的人。

一个**有独立思想**的人，
应该是来**造福**这个世界的。

喜悦与忧愁

已经很久很久
没有了发自内心的喜悦，
当青春已过，
在人生的摸爬滚打中，
心受了伤，慢慢地又愈合，
愈合了，又受了伤，
如此的反复，
多了老成和疏离。此时，
当我再次抬眼看这世界时，
风景依旧，
但我的心已经麻木，
往日的喜悦早已不在，
即使看到孩子啼笑，
也只是感叹懵懂真好。

我的心已经是淡淡的忧愁，
看着这纷繁的世界，
多变而又令人担忧。
我需要的是一个和平的、安定的世界，
我希望没有战争、没有饿殍，
我希望每个人都能幸福，
和我一样想法的人很多很多，
可是我知道这真得很难、很难，
因为我们都在这世俗中被磨砺的东倒西歪，
各自都染了世俗，
变得俗气、变得小我、变得迷失了自己。
可我也知道，
终究有一天，
世界会被唤醒，
那些拥有着爱的人终究会被唤醒，
他们将团结起来，
带着大家一起努力为爱而生，
带着大家一起披荆斩棘，
让这个世界只有绿叶和鲜花似的美，
消灭掉那些尔虞我诈、自私自利。
到这个时候，我的忧愁将随风消散，
世界将带给我们的是淡淡的喜悦。

11

情商的高与低

当有人说你情商低时，不要生气。
你可回复一句，
你既然这么说，
就证明你的情商也不高啊。
真正的情商高就是让人舒服，
就是鼓励人，而不是打击人。

什么是会说话？
就是说到别人的心坎里去。
想想别人话语中，
令自己愉悦的话；
想想她一语中的
总结了我们要表达的意思。
知我者，懂我者，
便是如此。

很多人都以为自己的情商很高很高，
殊不知，他们在对别人品头论足时，
就已经证明了其情商的不高。
一个真正有情商的人，
是不会在背后谈论别人的是非的；
一个真正有情商的人，
是不会让人难堪
更不会让
甚至致使别

当很多人在
以为自己情
可曾反思过
一群人家长
在笑话着别
想没想过，
其实可笑的
自己一面
一面又心
可笑，真是

读书与成事

读书是为了不迷失自己保持本心；
读书是为了面对困难时，
可以冷静地寻找解决的办法；
读书是为了让自己更充实更有能量……
总之读书就是让你自己有更高的认知，
更理性的态度、
更坚定的为人处事。
呵，
其实读书呢？
是为了让你在处事时，
对做错的部分可以自省；
对做对的部分可以总结。
真正的读书，
并不是破万卷。
真正的读书，
是学以致用。
只有学以致用，
才能成事。

我们并不希望读书读成了傻子，
可是很多人读书真读成了傻子。
这是真的吗？
看看那些读到一篇文章，
便信以为真的人，
看看那些按照书本行事的人，
他们在行事之前是否过过脑子？
这些盲目的人啊，
被一篇文章牵着鼻子走了，
然后另一篇相反的文章出现，
他们又感觉很对，
又被这篇文章牵着鼻子走了。
你的脑子留着干啥用？
读文章后，思考过没有？
这究竟对不对？
冷静点行不行？

13

改变

努力是为了在未来遇见更好的自己。
即使现在的我们,
不知道目标在哪里,
找不到自己的奋斗方向,
很迷茫,
但我们仍要努力。
因为现在的我们想改变自己,
想改变现状,
想找寻梦想,
除了努力我们别无他法。
并且,努力是我们脚踏实地改变现状的最佳途径。
当我们面对一次次挨骂和轻视,
我们很悲伤,很愤怒,
我们想辞职不干。
可我们有没有想过,
我们为什么会挨骂?
是因为我们不够优秀,
我们没有足够优秀到他们不敢轻视我们的地步。
那为了让我们自己优秀,
我们能做什么呢?
努力。
有一句话,
努力可能改变不了现状,
但不努力,
就连改变现状的可能都没有。
但我要说,
努力肯定能改变现状,
你之所以很努力却没有改变现状,
是因为你并没有把你目前的工作做的精准专业,
没有成为你所在行业的专家。

十几年如一日,
几十年如一日,
你还在原地踏步,
这样的你该打,
这个世界本来就是为了磨砺你的,
而你却没有改变现状的思想。

14

爱自己

当受过伤害，
心里开始设防、
开始变得坚硬时才发现，
原来这个世上能够伤害自己的人
是自己，
谁让当时的自己太单纯、
太善良、太在乎、没有锋芒。
一个人生活于社会上
难免会磕磕碰碰、被人伤害，
毕竟这个世界上
很多人都喜欢家长里短、流言蜚语。
如果我们过多的
关注别人对我们的言语和行为，
我们就会很敏感、患得患失。
我们会因为
太在乎别人的言语和目光，
而不敢展现真正的自己，
也会因为
失去自我而活得很累，
不被理解而独自哭泣。
人来到这个世界上的初衷是什么？
是为了结自己的缘、
走自己的路、
过自己想要的生活的。
活着是为了
爱自己和真正对自己好的人的，
而不是为了来被别人伤害的。

世界上的恶大抵是被惯出来的，
当你一次次的纵容，
他们就会心安理得，
就会理所应当。
当你惯坏了他们，
再稍微做出反抗时，
他们就会变得怒不可遏。
这多么的不可理喻。

15

绝望与执念

绝望就是认清了事实，
也接受了事实。
它会在很长的一段时间里影响你的。
不胡思乱想？
其实根本就控制不住，
即使接受了事实，
还是希望会有奇迹的发生。
谁都不希望自己有绝望，
如果不得已有了，
还是要学会去面对，
从中走出去，
找个精神的寄托。

在那个抑郁和无助
的灰暗的日子里，
白天的阳光不再明媚，
雨水更是扰乱了心房。
触景生情，
自怨自艾，
满脑子都是生无可恋。
只是有些人走过了，
好了起来；
有些人沉浸在抑郁中，
无法自拔。
其实走出绝望最好的方法，
就是做自己喜欢的事，
让自己忙起来，
然后慢慢地淡忘。
可惜，
很多人却执念太深，
不肯走出来。

失恋与改变

失恋的时候是很痛苦的。
在最难过的时候,
书中作者的失恋感受,
会让正失恋的读着感同身受。
而那些劝解失恋的所谓的大道理,
都不会入了失恋者的心,
它们只是当时心情的安慰剂
和转移痛苦的方式罢了。
但是失恋时,
书还是要读的。
比起借酒浇愁和做傻事,
读书却是一个人在痛苦时,
正确的处理方式。
因为借酒浇愁和做傻事,
伤害的是自己,
但读书却是在充实自己。
即使读书在当时看不到改变的成果,
却会随着时间的推移
潜移默化的影响你,改变你,
使以后的你变得更豁达更通透。

哎,人间的情与爱啊,
更确切点是爱恨情仇,
都是你的因果。
当上帝以此考验你时,
你可否经受的住考验?
失恋是为了什么?
失恋是为了帮你渡情劫的。
上一世你因此没有修成正果,
这一世你又败在了一个情字上。
当超脱了爱恨,
由小我变大我,
你的修行才会圆满,
才会有资格去过更好的生活。

17

仇恨与放下

有些人和事是该放下了，
做这个决定也确实费了些时日。
那些伤害曾经是那么的刻骨铭心，
可它不能成为自己成长的绊脚石。
人生是需要改变的，
就像这个社会想要变好，
可它曾经也经历过错。
我们不能对当时不成熟的过错
一直耿耿于怀，
却没有看到它
已经变得越来越好。

以上这些救赎的话，
多么的宽宏大量。
可是仇恨与怨气
岂是说放下就放下的，
但它的确只会让自己无尽的痛苦。
我们都知道说放下两个字时，
是多么的容易。
而真正要放下，
却有多么的艰难。
可也只有淡然和放下才能救赎自己，
让自己重新快乐起来。
你想让生活如何待你，
就要对生活展现出什么样子。
如果我们对生活坚定和微笑，
生活便回报我们坚定和微笑；
如果我们对生活充满怨气，
生活便回赠我们怨气。
相由心生,命由己造,
即使我们过得并不富足，
但只要快乐、宽容和自立，
我们依然可以过得自在、快乐和有底气。
但放下真得很难,很难!

18

冷漠与欺骗

我们不想这个世界有冷漠和欺骗，
但它确实存在。
当我们被伤害，
得到的却是冷漠，
于是我们便收起那颗纯真善良，
并想和大家同甘共苦、有福同享的心。
我们依然认认真真地做着我们的事情，
我们努力实现着自己的价值。
一直要努力，努力，再努力，
直到有一天我们有力量
让自己不再受伤害。

于是，凭借着我们的实力，
我们得到了比较公正的待遇，
可还有很多人受着不公正，
但我们选择了冷漠。
这些受到不公正的人，
就开始怪我们为什么这么冷漠？
这些人里
不乏有曾经伤害我们，
对我们的痛苦视而不见，
甚至冷漠的人，
真不知道他们有何面目来
寻求我们的帮助和同情。

现在的这些人，
对别人的事情漠不关心，
临到自己的事情时，
又祈求这些被你冷漠的人帮助你，
真是做着白日梦。
如果我们的世界要减少冷漠，
先从自己做起，
真正的关心别人，
特别是那些活得特别艰难的人。

冷静

遇事一定要冷静,
可是还真不容易做到。
即使在处理事情之前,
一直告诫自己一定要冷静,
不要着急做出决定,
再大的事 再急的事,
一定要想清楚。

可是,事到临头,
由于怒气上头,
一巴掌就打在了对方的脸上。
我们都知道冷静不会让我们偏激,
冷静不会让我们做出后悔的事,
冷静是一个人的修养,
也是一个人的格局,
冷静是一种心态。
只有冷静的沉稳,
才是一个人的成熟的标志。
可是又有多少人能做得到?

世间的祸事多于不冷静,
它害了别人,
也害了你自己,
可是学会冷静真得很难。
也只有当我们看淡一切后,
才会慢慢变得冷静。

语言暴力

这个世界，
冲动的人实在太多。
当看到网络上的消息，
或者道听途说，
便义愤填膺，
把别人狠狠的骂一顿。
光骂还不算，
还转发，
还组团开骂，
真是让人不可思议？
请问开骂的人，
这是你们亲身经历的吗？
还是你保证这信息
一定是正确的？
还是你跟人家有仇？
犯不着啊，
你们离的那么远，
见都没见过。
那你们骂个什么劲？

不如换个角度，
就当那个被骂的人是你，
你是何种感受？
伤心、失望……
你疾呼，
事实不是这个样子的，
但是很可惜，
其他骂你的人根本不知道事实，
你的辩解显得无力。
这个时候，
你多么希望别人能理解你，
能明白真相。
当暴力谩骂继续，
你对这个世界是多么的失望。

不要自信的告诉我，
你不会遇到这种情况，
就说小的吧，
你是否被亲人、朋友、同事
误解过？
怎么？
你伤害别人时，
就忘记了自己曾经的痛苦，
并做了一个与伤害你的人一样的
坏蛋。
别人伤害你时，
旧伤新伤，
你把所有的事情都想了起来。

21

小心眼与大度

很多人做着伤害别人的事，
一次又一次，
心安理得。
可当自己有求于别人时，
却要求被伤害的人大度，
说那都是过去的事了，
都忘记了，
你是成功者，
应该大度。
真是好言好语，
温柔体贴，
可在被拒绝后，
指着鼻子骂人，
变得不可理喻的愤怒。
这真是奇葩啊，
你们有什么理由要求被你伤害的人大度，
并且无私的帮助你？
你们说我们是小心眼，
没见过你们这么厚脸皮的，
送你们一句话，
你们伤害了我们，
我们再一味的纵容和大度，
我们就是彻头彻尾的傻子。
什么是大度？
你悔过了吗？
要求我们大度。
还是你弥补了过错，
让我们看到了你们的诚意。
还是你变得真心向善？
你们只不过是，
平时欺负弱小，
当看到弱小强大后，
恬不知耻的想分一杯羹罢了。
天下的好事，
只应该给真正善良的人。

22

距离与期望

老话说，
距离产生美，
靠的太近，
相互的尖刺
会刺得彼此伤痕累累。
其实，
彼此伤害真不是距离的事，
而是对彼此的期望值过高。
当相互做出不合自己心意的事情，
就会失望和生气。
当我们把期望值调低，
把彼此当成普通人，
就会礼貌的保持着距离，
淡然相处，
不会伤害，
因为我不会把你放在心上，
你的行为与我无关。
而对于亲人，
彼此的爱是那么的深，
矛盾是起源于爱太深，
又爱自我主张的
替你把一切事情办好。
亲人与亲人之间
是很近的距离，
期望值满满的都是爱，
只是这爱太霸道。

放低期望

23

理解

普遍的思维说，
在这个世界上想寻找到
真正懂自己的人，
很难。
遇上了，
那就是一辈子的福气。
伯牙子期，
高山流水，
知音相得，
失去后，
就是失去了一半的世界。

普遍思维又说，
人的一生中，
总希望志同道合，
只有这样，
才会有被理解的欣慰
和继续努力前进的力量。
这个世间的太多事，
都是缺少理解，
纠纷不断。
如果能彼此的理解，
就不会出现那么多的嫌隙，
人与人之间就会减少冷漠。
可是能理解自己的人很少。

其实我想说，
不是你找不到志同道合的人，
是你自己的努力不够，
能力不足，
圈子太小而已。
借口找得不错，
文绉绉，
其实还是你自己太懒惰。

真心

24

什么样的人容易受伤?

那些重感情的人
最容易受伤。
所以与人相处
保持淡然的距离,
即给心安上一道防护罩。
只有这样,
才会有一个中立的感情。
与人相处应寻求的是一种公平,
公平的做事,
公平的付出与回报。
很多怨恨
都是因为付出与回报的不对等。
是一方的付出太多了,
而另一方心安理得的接受着,
并且到最后的结局是
接受的一方不懂得感恩,
而被接受的一方很受伤很受伤。
当一个人愿意无私的付出时,
她是将自己的感情毫无保留地
奉献了出来。
在她的愿想里,
这个她愿意付出的人
会是跟她一样是有爱、懂得感恩的人,
可是实际的事实却让她很伤心很伤心。
所以,给心安上一个透明的防护罩,
既可以保护自己,
又可以将适当的爱给合适的人。

平等为上

对每一个人

其实，
每一个人都没有对与错，
错的是环境把他们熏染成那个样子。
如果每一个人都可以选择人生，
他们定愿意做个好人。

当我们在茫茫复杂的红尘中，
被练造成各种的样子，
我们就具有了各种矛盾复杂的思想
这也是最可恨的地方，
环境造就了人，
给了人磨砺，
却没有磨砺出我们自省的能力。
如果一个人可以自省，
就可以清晰的认识自己，
就可以明辨是非，
就可以做适当的事，
爱自己也爱他人。
每一个都想这个样子，
活在爱中，
愉快过完这一生，
然而现实却是令人失望的。

该醒悟了

26

冷淡

当有一天我们由热情变为冷淡，
你们在我们的生命中将只是个过客，
我们不会因为你们的悲喜而悲喜，
我们只知道我们应该爱自己。
对于你们的任何事情，
我们都漠不关心，
我们只关心那些对我们真心的人。
冷淡或许是人生的必修课，
每一个成功者都经历了这样的心酸，
所以你们没有理由指责他们的冷漠，
只怪你们自己当初的行为太令人心寒。

很多人只会看到那一颗颗闪耀的星星升起，
他们羡慕，
他们追逐，
却从不关心星星们曾经的悲苦。

这个世界应该换一个角度，
对悲苦的人、艰辛的人以关怀，
真正的关心他们，
而不是落井下石、冷嘲热讽，
当这些人成功后，
就会真正的回报社会，
那这个世界将是一个大爱的世界。

换位思考

27

净化

菩萨有一只净瓶，
可以净化一切尘埃，
让人心向善，
让世界友爱，
可是这世间的事太多，
菩萨很累很累。
她多么希望净瓶能有很多的分身，
在世界的各个角落，
净化着、净化着，
累了，
有志同道合的人一起鼓励，
委屈了，
可以一起哭……
为了某一天
使整个世界一片纯净。
这净化的药水放在哪里？
如何才能复制成一份份，
这需要你我去寻找，
去想尽一切办法将纯净之爱传递。
当这个世界真正有爱，
这净化的功效将迅速而高效。

改变一个人要温暖一颗心

困惑

或许你和我一样，
有这样的困惑，
这个世界能否充满纯净的爱？
我可以告诉你，
在我纯真浪漫时，
我认为整个世界都是美好的，
我也相信整个世界的大爱肯定会来到。
可是，当生活把我折磨的遍体鳞伤，
我看到了那么多负面的消息，
我困惑了，
迷茫了，
我不确定这个世界是否真能实现大爱？
是的，人世硬生生的
将一颗颗纯净的心磨砺的七零八碎。
可我不想困在人世这个牢笼里，
我知道有一些纯净的人，
他们可以给世界带来净化，
就是那些可爱的孩子，
那些纯净的还未被尘世染色的青年人，
他们可以作为整个世界的净瓶。
如果我们能保护住这些纯真，
让纯真来带动我们、
感染我们，
随着时间的推移，
爱将迅速的增加、扩散，
我希望一颗心尽快的从失望走向希望。

让**希望**发芽

追逐星星

我喜欢追逐星星，
因为那是我的宿命，
据说我是其中的一颗，
一颗可以闪闪发光的星星，
原来我曾经也是那么的耀眼，
照亮了一片黑暗。
我不知道为何我来到地球上，
会是这么的黯淡无光？
我的那些热情和能量统统的消失，
我日复一日的劳作，
没有快乐，
只等着老去。
我希望在我老去之后，
不要入了轮回，
我想化成一股烟，
去追逐自己的星星。
就这样，
我的人形消损，
而我的灵魂还在，
在追逐着属于我自己的星星。

随风而散

30

穷困与悲伤

这两个词含义不同，
但命运却紧紧相连。
当我穷困时，
衣不蔽体食不果腹，
我陷入了无助，
陷入了深深的悲伤。
我知道这个世界上，
有很多与我一样的穷人，
我们都是穷人，
却不知道如何改变命运，
于是我们只有悲伤。

当我们来到这个世界上，
已经没有了选择的余地，
尽管我是如此的贫穷，
可也只能默默地承受着，
希望这个世界能多有些爱，
给我们这些贫穷的人以帮助。
我们知道，
贫穷很难改变，
一时的物质资助
只能解决一时的温饱，
我们希望能有改变贫穷的方法，
就是你们不要只给鱼，
也教会我们钓鱼的方法。
物质终有限，
赚钱的方法和能力才是硬道理。
这样我们就不会永久的依赖，
就不会自卑，
而丧失了自食其力的快乐。
我们要自尊和自信。

这个世界

31

理想与满足

那所谓的理想
是在年少时的宏伟蓝图，
可是成年之后，
才不得不承认，
自己的力量真渺小。

后来，
随着长大，
慢慢的被生活磨去了理想，
变得现实，
只希望能安安稳稳的过着这一生。
可是事与愿违，
生活给我们带来了病痛和失业，
在疲惫地奔波后，
才发现有个家有个安稳的工作真好，
这就是所谓的满足。

很多人都经历了如此的人生，
少年时的踌躇满志，
后来都被现实的困难所取代，
慢慢地活成了世俗中的人，
成家立业，有了孩子。

当我们的孩子懂事，
告诉我们关于他们的梦想后，
我们又会燃起希望，
将希望寄托在孩子身上，
然而孩子们的故事就是我们昨天的影子，
失望再次来临，
我们又将期望值放低，
只希望孩子们能平安就好。

不得已面对了现实！

32

虚伪

有人找到我，
对我说，
如果我的职称过了，
请你吃饭吧。
我直接说,好。
她立刻改口说，
你想吃什么?
给你买一包辣条吧
……
看到了吗,这就是虚伪。
她以为你会拒绝，
才特意这么说的。
如果你拒绝了，
就会显的她很有诚意，
而是你自己不需要的。
那她对别人就会说，
她请你吃饭了，
是你不要的。
这样什么理都是她的，
看她多么的大方。
所以,对于这样的人，
我们就要当场拆穿她。

我们要记住我们的付出一定要有回报，
这不是钻在钱眼上，
而是为了对等，
我们需要对等的付出与对等的回报，
这样才不会惯坏了别人，
把她们养成了白眼狼。
我们适当的要求回报，
还有一个原因，
我们要爱自己，
尊重自己的劳动，
我们不是免费的劳动力，
任其使唤来使唤去。
最重要的，
只有对等的要求回报，
我们才能减少这个世界上的虚伪。

信任

信任这几个字太难，
人总是以怀疑的态度
看待别人的事情，
而对自己的事情得不到别人的信任时，
伤心、愤怒。
可是他们却从不在自身找问题。
当别人对他们诉说一件事情时，
他们 是是是的应承着，
别人走后，
立刻和周围的人讨论，
你们相信他的话？
这都怪谁，
是他自己作的。
看吧，
人前人后两个样，
让谁还敢信任。

并且，
更可笑的是，
这一帮参与讨论的人
又 是是是的应承着，
心里却各有各的想法。

难道就没有一个人站出来，
严正的告诉别人，
不要随意的揣度别人，
别人说的可能是对的，
他也有自己的难处。

如果能多有正义的声音，
那信任就会驻进心里。
这些，
敢为别人说句公道话的人，
会得到尊重和信任。

信任

34

趋利避害

人有天生的本能
趋利避害，
也正是这点害苦了自己。
当一味的趋利避害，
就会对恶妥协，
就不会关心和帮助弱小，
就会让自己变得胆小和麻木。
这个世界要的是什么啊，
要的是正义、善良、光明和爱，
对任何人都一样。
为什么有些人会变得很坏很坏？
那是因为对世界失望。
为什么会对世界失望？
那是我们自己造成的，
我们让他们在无助时伤透了心，
让他们恨透了这个世界。

这个世界的每一个孩子都是好孩子，
为何长大后，
有的会变坏？
是我们的冷漠和恶造成的，
所以我们必须改变，
用我们的行动来关爱弱者，
关爱失意者，
关爱每一个面临困境和绝望的人。
只有这样，
爱才会广泛的传播开来，
让我们为爱而生，
而不是为了苟且的活着。

为爱而生

伤害与官官相护

当领导的可以随意的
对员工发脾气，
员工却要默默地忍受，
因为受制于人，
因为要生存，
员工只能默默地忍受。
这一现象必须被打破，
这样的不公正，
深深地伤害了员工的心，
逼得员工被动的工作，
苟且地、没有尊严的活着，
很累很累。
一旦员工反抗，
会有更上级的领导对员工
大加指责，
而不管谁对谁错，
这深深地伤害了员工的心，
这就是典型的官官相护，
让人心寒冷。

突然某一天，
被伤害的员工高升，
那些巴结他的人，
包括曾经伤害他的领导，
他都不屑一顾，
甚至他会将往日的仇恨
通过一定的方式回送给他们。
这就是冤冤相报。
请不要怪他们，
是他们被伤透了心，
心里的怨气在体内久久不能释放，
报复可以减轻愤怒。

那我们要任由报复现象横行？
不是的，
我就是想告诉你们，
如果不想某一天也被报复，
就请爱护每一个员工，
无论其是柔弱、胆小、无能还是怪癖。
只有爱护，
才会让弱者成长成一个有爱的人。
当某一天，
弱者们成为强者，
你们将是他们的恩人。

风水**轮流转**

36

耍心眼

有些人，
平时对你冷淡，
用着你时，
就会很热情，
又是好姐妹，
又是帮忙。
你真得很感动！
然后，看时机成熟，
她说出了她的目的，
我这个那个不知道怎么办？
你碍于她的帮忙，
答应了助她一臂之力。
当她的目的达到之后，
她又对你若即若离，
你才发觉上了当。
这就是典型的耍心眼，
很庆幸，
很多人会觉悟，
你们的有目的的忽冷忽热，
只会让真正觉醒的人远离你们，
对你们时时刻刻警惕。
也遗憾有一部分人不会醒悟，
前几天还吵架，
过段时间就好成了亲姐妹，
对其无私的帮助。
这些健忘者啊，
好了伤疤忘了疼，
还是在一次次吃亏中苦苦挣扎，
不能醒悟。

这个世间为什么耍心眼的人多，
是因为很多人经不起糖衣炮弹，
有了好处，
就忘了伤疤。
可否让自己像个成功者一样，
居高临下的看清一切，
淡然的处事。

可笑之人

37

爱与貌合神离

当我们爱自己的孩子时，
我们的爱是无私的，
无论孩子犯了多大的错，
都可以原谅。
但对外人，
便苛责。

即使是同一个办公室里，
也是较着劲，
今天这话、这事，
惹着你，
明天那话、那事惹着他，
相互的嫌隙。

这就是在同一个屋檐下，
各自怀着意见。
当面的时候，
又有说有笑，
好像很关心对方的一切，
而背后的时候，
又说着各自的坏话，
笑话着、批评着别人的一切。

貌合神离这个东西，
真是可恶，
让凉薄充斥着生活，
说着虚伪的话，
心不甘情不愿地做着事，
还要装作自己很喜欢的样子。

你们累不累？
累也活该，
谁让你们不真实，
不真诚，
没有真正意义上的爱。

可悲

38

小孩子与大人

当小孩子兴冲冲地回到家，
高兴地告诉大人，
妈妈，
今天小朋友被人欺负，
我勇敢地
帮他打跑了欺负他的坏同学。
然而，
妈妈狠狠地打了你，
你这个傻瓜，
别人的事，
你不许管。
此时，你愣住了，
自己做的不对吗？
妈妈说，
这不关自己的事，
不要管。
你再管，
别人会欺负你的。
这个小孩子很懵懂、很懵懂，
慢慢地、一次又一次的被妈妈教育着，
他变得冷漠和怕事。

每个孩子都是正义的、善良的、爱的使者，
却硬生生的被大人折断了天使般的翅膀，
活成了一个麻木的人。
我知道劝一个大人有正义感、有大爱，
很难，
但如果能保护孩子们的爱、正义感，
这些爱的使者的力量将是巨大的，
他们不但会团结起来，
拧成一股绳，
并且会潜移默化的改变自己的父母和亲人，
那世界上真正的大爱很快将到来。

谁说得对

39

关心与帮助

怎样保护人心的善良呢？
当他们遇到苦难时，
不要说风凉话、讽刺的话，
不要落井下石，
而是拍拍他们的肩膀，
告诉他们勇敢的站起来。
如果你不能借钱给他东山再起，
起码你可以给他点粮食，
帮他渡过难关，
或者更进一步，
帮他出个中肯的意见。
当他们无家可归，
而被迫乞讨时，
不要鄙视他们、刺伤他们的尊严，
而是告诉他们，
春天就在前方，
乞讨不丢人，
一定要记住，
当我们有了一定的钱后，
就去找个工作，
或者去买本书学习。
这些对他可能没有实质性的帮助，
但可以守护一颗心，
会让他自己感受到尊严，
让他自己为自己找到出路。
还有当有人犯错或者进监狱时，
我们不要给他贴上罪大恶极的标签，
希望能与监管者们一起，
感化他们，
让他们在被监管期间有技能，
在出狱之后，
能给他们一份不被歧视的工作，
让他们走出阴影，
过正常人的生活。
只有这样才是关心与帮助，
只有这样这个世界的爱将更进一步。

40

以貌取人

无论是逛商场，
还是找工作，
都会看到太多太多的，
以貌取人。
如果你穿的很糟糕，
遇到的将是白眼
和不屑一顾，
即使你是个好人，
他们也看不到。
而如果你穿着得体，
别人就会赏心悦目，
对你尊重和彬彬有礼，
即使你是个坏人，
他们也不管。
这就是以貌取人，
这就是现在的社会的通病。

为何世界上那些底层的人会活得那么艰辛，
吃不饱、穿不暖，
还要忍受白眼，
他们没有钱买好衣服穿，
又做着底层的无尊严的工作，
为何还要在闲逛时，
被人嫌弃？
那些在商场工作的服务员，
就活得比他们高级，
脱掉那件工作服，
你们和他们一样，
你歧视的是谁，
是你们自己。
人分三六九等，
都是人自己造成的，
改变就从你们自身改起，
不要以貌取人。

41

人走茶凉

那些高高的在位者，
有一天离开的权力的位置，
便变得默默无闻、
门可罗雀。
那些曾经的巴结他的同事，
不再关注他，
而是巴结着新的领导。
离开时，
他就默默地离开。
这就是所谓的人走茶凉吧。
就像有佛的寺庙，
香火不断。
佛走的寺庙，
人烟稀少。

不知道人有没有想过，
人走茶凉让前辈们很悲伤，
它也将是你们离去时的命运。
是不是你们只顾了眼前，
看不到今后的你们自己？
如果我们不能改变这个恶性循环，
在我们退休的时候，
心灵将受着一次失望的洗礼。
如果我们能对关心过我们、
照顾过我们的退休的领导一如既往，
那当良好的环境形成，
即使我们退休后，
也会是快乐的、幸福的退休。
并且，虽然这些退休的人已经不在位置，
但他们的能力和经验远在我们之上，
当我们以感恩之心待领导，
领导的能力将助我们一臂之力，
让我们走得更好。
并且他们的能力将继续的发光发热，
会对社会的进步产生更大的影响。

42

狡诈与无私

狡诈与无私不分阶层，
都存在于世间，
无论穷人还是富人
都有好与坏，
只不过，
富人的狡诈更凶险些，
破坏性更大；
富人的无私更有力量些，
被救助的人更多。
而穷人呢？
他的狡诈就像个地痞，
胡搅蛮缠；
他的无私就是一盏灯，
昏黄的光也有温暖的作用。

然而这两者都是少数，
大部分人都在两者之间。
有时候你觉得他狡诈，
可是他却对某些人很无私；
有时候你觉得他很无私，
可是他又却对某些人很狡诈。
如果你不是亲身经历，
看到他们对老人们喊爹喊妈，
骗光了老人们的积蓄，
单凭他们与左邻右舍的相处，
还真以为他们是个好人。

我们不管你们是否为了生计，
而不得已去做着违背良心的事，
我只想告诉你们，
当你们骗着别人的父母时，
你们的父母也可能被别人骗着。
如果想自己的父母减少被别人骗的可能，
起码你们得先做个好人，
如果人人都能这么想，
那就没有骗子存在。

43 害人害己

困局

当病痛、饥饿、战争袭来，
周围都成了废墟，
这无奈的困局，
是个死局。
他们不知道这种情况何时结束，
每天都在惊恐中，
惶惶度日。
他们看不到希望，
那种最初的绝望，
慢慢地变成了麻木。

为什么这个世界上要有饥饿和战争，
虽然病痛不可避免，
但战争和饥饿完全应该消失。
世界上那么多富人，
他们的财富足以救助穷人，
给他们工作和尊严，
让他们勤恳而快乐的生活着。
请问那些富人，
当你们以真心对待穷人，
你们的物质仍是富足的，
再加上心也是富足的，
这样是否更加的快乐？

为什么这个世界上要有战争？
我们需要的是安定的、快乐的幸福的生活，
不是物质财富越富有，
我们就越快乐，
而是精神越富足，
我们就越快乐。
可是，
人们缺少的恰恰是精神的富足，
他们想寻找，
却不知道如何去寻找。

44

寻找精神的富足

当我们是个孩子的时候，
我们喜欢画画，
画里有美丽的彩虹，
和我亲爱的爸爸妈妈。
爸爸在挖着坑，
埋一个小树苗，
我和妈妈提着水，
要给它浇灌。
孩子的世界多么满足，
那是满满的爱，
没有攀比、没有欲望。
后来，当人开始攀比，
一个个单纯的孩子开始变得虚荣，
他们希望自己的画赚很多的钱，
得到别人的赞美和羡慕。
这变味了的观点，
带来的变味的恶性竞争。
孩子们长大后远离了精神的富足，
开始为生计、为了虚荣而画，
甚至不得已而放弃了画画。

当一个孩子爱好画画，
无论他画的好与坏，
那都是他的精神世界，
一副画不应该以世俗的价值观来评价，
而是应该以他们的感情，
他们所树立的正能量来评判。
什么是好画？
好画就是走心的感动，
不是一副冰冷的作品。
一个人的精神富足在哪里呢？
是因为世界的价值观偏离了方向，
使人们远离的精神的世界，
变得世俗。
这就需要人们将价值观拽回来，
让世界简单、快乐、满足，
为爱而生。

自律

成功的天平是倾向于自律的人，
当你们在海吃海喝时，
当你们在刷剧时，
当你们在昼夜狂欢时，
那些自律的人在按照自己的节奏充实自己。
他们知道这个世界突如其来的事情太多，
失业、病痛、车祸等等，
不知道哪一个在哪一天会来到，
只有通过自己的努力，
让自己有足够的物质准备，
才能在苦难来临时，
做好应对。
在这个世界上，
那些酒肉朋友，
只会在你风光时出现，
当你遇到苦难时，
他们会像躲瘟疫一样的离开，
所以人总得为自己打算打算。

自律是一个很难的事情，
但一旦养成，
又是一个很简单的事情。
他让你每天定时起床，
定量吃饭，
准时上班。
他还让你有时间
锻炼锻炼身体、
读几本让精神富足的书，
和同频的人一起赏花、画画、朗诵、写诗，
他还会让你与家人一起快乐而幸福。
每天如此，
天天如此，
幸福着这一生。
虽然自律的生活很简单，
但是一种清风明月、诗情画意，
和温馨的幸福，
减少那些乱七八糟。

46 自律人生

第二章

每一首诗都是最美的人生，
当生活与诗歌碰撞，

便是人间烟火与诗情画意。

燕子飞来，杏花如雨，
让春日的和风，
在明媚的阳光下，
带着我们翩翩起舞。

高处看到的世界很美

当我们俯瞰大地
千姿万态的美
尽收眼底
那些本有的瑕疵
不再被看见
这是距离产生的美
也是格局
让你我不再去苛责

世界的美否
在于你的心态
你是愿意在高处
以博大的胸怀
拥抱这不完美
还是处处计较
专门关注瑕疵
拼命找茬
让自己都无法愉悦
全在你自己

当我们非要踩碎那胳脚的沙子
那受伤的必是你的脚
当我们非要做一只善斗的公鸡
那将损失自己漂亮的羽毛
当你放下
不去想
只专注努力提升自己
你收获的将是快乐的自己
和优雅的修养

放下

总是有那么多弯弯绕绕
总是有那么多的不舍
可执着又有何用
不如放下
专注于自我

不要期待一定会成功
否则失望的打击
会让你灰心丧气
只做个平常的自己
用心即可

不要为了孤注一掷
而放弃所有的一切
一颗朴素的心
承载着平凡和顺理成章
不必强求
不必期待
关注当下

无论何时何地
无论何种情况
我仍然是那个普通的自己
不为名利所累
只为了完成自己的使命

煎熬

心里有千万只鼓在打着退堂
可意志却不敢有松懈分毫
我以自己说出的话
不是空穴来风
也不是对你有所欺瞒

为了实现自己的诺言
我在苦心的煎熬
我在找寻
以我自己的方式
来诉说着我的思想

这不是一种强加
只是觉得自己应该对得起自己的承诺
说过了就要做到
不管最终你会不会满意
那也是尽了我最大的心意

因此我不敢松懈分毫
也不敢半途而废
少许的迷茫后
我还是要按照谜题
去苦苦寻找那隐藏的谜底
一个在我心底的
也是经历过煎熬的整合的思想
删减、磨炼
为了新生

破局

我总以为我已经把你甩在了身后
我总以为我可以看淡一切言语
我总以为我可以笑着走过——
平静地不带一丝的情绪
而今日 我却发现
我还是没走出你的阴影

那个曾经自卑的自己
让我在无人可以理解的痛苦中挣扎
让我不断地只想获得肯定
更让我明白、恐惧——让我不敢停歇脚步
我不断的寻梦、追梦
只是为了一个不再自卑的自己

我这一点点建立起来的自信
还是不经意地败给了内心的胆怯
这要命的结果带来的
一系列的衍生的想象
让我困在心里的局中
不敢走出

这就像一个巨大的阴影
它笼罩着我
让我不敢去寻找阳光
我怕阳光下那些失望的面孔
我怕被责备
更煎熬自我的否定

可我不甘心
我只有寻找一切可以破局的机会
我要望着蓝天白云
我要奔跑在草地上
去突破

破茧重生

51

心中的惆怅

不想像小鸟一样
叽叽喳喳
不想像学舌的鹦鹉一样
没有所想
只愿一个人静静地躲开
坐在角落里发呆
被否定的滋味
让心中有一种失败
逃离恰是这时最大的冲动

也许回到家
便是阳光初起
因为那里有梦想发的芽
可当面对自己的翅膀
撑不起才华时
又觉得打击
如夜色一样深重

走走停停在前进和后退的阶梯
一次次告诫自己
努力会像小狮子一样跌倒
不努力就会是
一只生活在鸡窝里的小雏鹰
五味翻腾的心境
让人憧憬着希望
却在现实中煎熬
活成一棵不甘平庸的小草

相思愁

斜倚揽书解忧愁
不觉相思上眉头
起皱
忆起初见时
军姿飒爽
心中有

时少女怀春
羞于口
又恐空一场
不敢执君手
直把遗憾留

孑然一身
望君来
不敢妄
笑谈一场
忧思重重

书中自有书中酒
醉卧书中
不肯醒
何时能解
相思愁

愿

入世事无常
心事难料
久久梦中 不肯醒
清醒世界 混沌世事
乱 奈何心忧愁

家国为家
国大家小
国兴家安
却有昏暗处
十有九伤
又上心头

无力 凭一己之力
更是愁
只待那 天骤雨初降
砺化人性干戈
还 四海宁静归一
苦离福至
终解忧愁

54

我在等一处的花开

当那缕阳光
暖烘烘地照着我
我的心在闪闪发光
心中的郁结飘散
放下了那些曾经
我望着那枯萎的树
像是看到那叶 那花
舒展地开

我在等一处的花开
等待雨后的彩虹
等待这冬天的雪后
也会有这般奇迹
等待这一处的花开
我的心在跳跃

我在等一处的花开
可是突然心中一紧
这只是愿想
当真要面对那未知
这心便跌落那黑暗中
害怕、犹豫、徘徊
我像个孩子
在不安

我在等一处的花开
可是突然眼中无比厌恶
这只是愿想
当真要选择面对
这眼里便是不甘
我像个孩子
在愤怒

我在等一处的花开
终究是要面对
当我要视死如归
当我如临大敌
面对时 却发现
如此地轻而易举
我像个孩子
在欢心

我在等一处的花开
终究是要面对
当我有万般不愿
当我情非得已
面对时 却发现
放下后 真好
我像个孩子
在微笑

我在等一处的花开
我知道人生时时都是在面对
我等到了那一处的花开
小鸟跳进了我的心房
欢舞雀跃
我像个孩子
等到了那一处的花开

风与天

当一阵风将我吹倒
那是谣言伤了我的心
这股风带着邪气
弥漫开来
人们却习以为常
谩骂、造谣、诽谤
多么令人心痛

我不愿与这风为伍
我试着阻止过
却发现是螳臂挡车
自不量力
我伤心地哭泣

我在寻找着一股清风
它在哪里？
那个纯净的
只带给人们温暖的风
它在哪里？
我在寻找它
与我一起并肩作战
可是却找寻不到

那个温暖的风
它消失了
世间 那股邪风还在作恶
还在习以为常地
造谣 诽谤
我的心在沮丧

终于当因果循环
天道有常
当妖孽横行
老天给了一场真正的风
带着闪电、风暴
它要惩恶扬善 宣告团结
它要将邪从人们心中吹走
在天与邪的对峙下
终究邪不胜正

致生命中的贵人

在人生的旅途中
他是一位智慧
又博爱的人
没有欺诈
没有倚权凌弱
在我的心中
他是那样的正直

这就像一颗高大的树
他笔直地站在那里
迎接了风雨
又守护了
他羽翼下的花花草草
当第一缕阳光照下
他高大的身影
在闪闪发光

很快
在不久之后
人们在远处
将慢慢地走来
被他的魅力深深地折服
这是一种力量的吸引
人们愿意为他驻足
歌唱
由衷的赞美

黄豆芽的歌唱

一粒粒圆滚滚的
金黄金黄的种子
它一头扎进水里
使劲地喝水
它渴啊
它觉得它的生命
要发芽
要有所应当

当它破壳
露出一个个嫩嫩的芽
好奇、喜悦
它拼命地喝着水
一不小心
一夜间长大
这些可爱的黄豆芽啊
性子怎么这么急

当它一把一把
钻入锅里
那带着清香的
烟火气息
扑面而来
它完成了一次
生命的轮回
与美食同在

新生

我静静地、静静地仰望夜空，
灯光耀眼，
漆黑一片。
我的心里有一束光，
不断的升起，
向着夜空，
宣誓着我的新生。

时间年轮，
红了桃花、绿了芭蕉，
也曾憔悴过我的心。
雨洒过，
雪下过，
寒冷洗礼后，
才知道我依然会吐露芬芳。

这天地有歌声，
余音回环，
唱遍了酸甜苦辣。
这天地有风景，
流连忘返，
看遍了人间喜悦。

我的心走过了一道门，
把悲伤关上，
暖阳照身，
炫一把明媚如春。

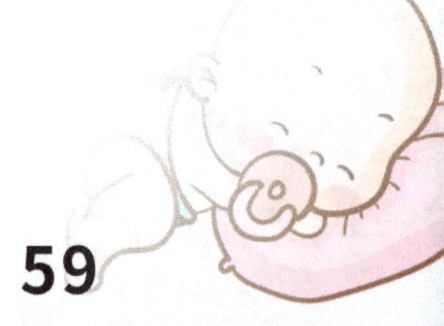

59

淡然

青春最美不过是不负年华，
它经历了繁花似锦，
也经历了平淡如水；
经历了雁群高飞的壮观，
也经历了被落下的孤单；
经历了白鹤起飞的优雅，
也经历了丑小鸭初来时的笨拙；
经历了夜梦时的心慌意乱，
也经历了看淡现实后的云淡风轻。
它是以一种无畏无为、平静坦然的心境，
安放一颗宁静豁达的心；
以一种明目千里，
且看且清且珍惜的态度，
来洗涤和抚慰受伤的心。
明镜亦非台，
菩提也非树，
时时勤拂拭，
务使惹尘埃，
这也是一种境界了吧。

我心中的诗

有人说
诗就是一杯酒
它如葡萄酒一样涩甜
让人忍不住偷偷浅尝细品
有人说
它也如啤酒一样豪爽
约上三五好友街边畅饮
也有人说
它如白酒一样辛辣
砸吧砸吧嘴
流着泪来体会人生百味

可是诗
再简单点
其实就是一杯解渴的水
天热了
一杯凉白开便是甘甜的山泉水
天冷了
一碗热水便是冬日的温泉
而快乐的诗更简单
就像水一样清澈
像水底的沙石一样安静
像戏水的小鸭子一样欢快
像朴实的人们脸上洋溢着的希望的笑容

我愿做一朵带刺的玫瑰

玫瑰很美，
像它刺红的血一样的美。
滚滚的热浪那是爱的翻腾，
一浪高过一浪，
可是趋于平静后，
就再也没有了爱的激情。

我是带刺的玫瑰，
既然要成为彼此的过客，
就让我在你的心里
刺上一枚悔恨的种子。
离开你不是我的终结，
我要美丽的无可挑剔，
我要用涵养让你追悔莫及，
我是走向阳光的那一位！

曾经失去你，我也很伤悲，
每个寂静的夜晚，
我独自在熟悉的城市街头哭泣流泪，
因为这里有你的气息，
有我们曾经的依偎，
我哆嗦着蜷缩在初识的街头角落，
多希望偶尔走过的人是你，
却在一次次失望中模糊了泪眼。
可你根本就看不到，
却又早已微笑着将另一个人拥入怀。
说着同样的甜言蜜语，
发着同样的山盟海誓。
迷茫 失落 自嘲，
我做过最大的傻事
就是以为失去你便是失去了一切，
生命再也没有了存在的意义。

突然 恍惚中,我却听到有人喊我的名字,
那么熟悉而又遥远,
但我确定不是你,
当声音靠近,
我才发现
那两个由远及近的影子,
是父母佝偻了的身躯,
他们在寒风中相互搀扶,
凌乱的头发多了几许无助和沧桑
就这么静静的站立无语
而那唯一的一句
女儿 回家吧,
让我彻底放声大哭,
父母紧紧的将我抱住,
我从他们一起一伏的胸膛里
再次感受到爱的温度。
我恍然,原来爱的意义
就是和家人好好的相聚在一起。

人生很短,
为了爱我们的父母,
为了爱我们的家人,
且行且珍惜!

我希望那些失恋的人,
走出失恋的痛苦,为了爱我们的家人。

信任

树木相信春天，
便吐露新芽；
花儿相信春天，
便尽情绽放。
我相信你，
可你是否相信我？

你的怀疑
把我的心一点点敲碎，
就像秋天将尽，
我没有了果实，
你不再相信
来年我还会再丰裕。
我那健壮的身躯
在迷茫中哭泣，
我为何那么傻？
傻傻的掏心掏肺，
到头来却唤不起
你的一句真心实意。

哭过后，我醒悟，
只有成功是最好的武器，
它会打在你的脸上啪啪作响，
它会是我前进的动力。
人生几何，奋斗不惜，
不要怕前路漫漫，
只要坚定的走下去，
成功将在某一个拐弯处与你相遇。

春的希望
和煦的春风，
让我卸下厚重的冬衣，轻装上阵。
我那颗轻松的心，
带着柳牙新绿，
去爱怜的抚摸枝的摇曳。

我走在漫山红花遍野，
春天便把这最美的心意，
用一路的芬芳，
来陶醉我，
让我久久不舍离去。
心灵便在此净美，
呼吸着、瞭望着，
全在这里，
万象更新，心暖花开。

64

这边晴天 那边雾

生活就是这个样子，
当你走过不同的地方，
心境也是不同。
仅是相差了20里，
我迎着晴天飞去，
到了那里，
却发现，
一片迷雾朦胧了双眼，
看不真切，
心里也添堵。

还好，
我不是那种颓废的人，
虽然阴晴的像个小孩子，
但我的心里依旧阳光灿烂，
没有浮躁的繁华，
没有失落的迷失，
没有颓废的懒惰，
有的只是一颗年轻上进的心。

风儿告诉我 要随着心的方向漂流，
树叶告诉我 要向着阳光处生长，
花儿告诉我 要开最独特的花，
小河告诉我
水里也是一片孕育神奇的海。

是，
大千世界就该是我的胸怀，
至此以后，
世界还是那个世界
我已不再是那个我。
经历过了 就淡了，
看淡了的一切的凡事俗语，
我不是你
你也将永远影响不了我。

迷局

拼搏

汽车的车轮，
行驶在雨水湿润的地面上，
溅起一片烟雾，
它是朦胧的，
像心里的那个不清晰的方向。
我的双脚没有车轮的速度，
没有它溅起水花的力量，
有的只是一步一步踏下去的脚印，
在坚硬的柏油路上前行。
前方的路似乎很遥远，
在那看不到尽头的路中点，
我曾怀疑自己脚步的方向，
想回头，
却看到路已经走了很长很长，
再也回不到启航的原点。
没有时间去选择一切从头再来，
没有时光再穿梭到孩提时代，
没有时间去哀叹后悔过去的蹉跎，
只能坚定的走好未来的路。
让生命在过去的跌跌撞撞中沉淀，
让希望在今天的踏踏实实中前行，
让成功在未来的欣欣向荣中开花。
不要后悔过去，
在中途启航，
未来一样有最美的风景。

我站在杏花树下

我站在粉红的杏花树下
抬头仰望杏花枝随着风轻轻的摇摆
舞姿柔美
那粉嫩嫩的花瓣像一群害羞的小姑娘
娇俏浅笑
时而向我靠近
时而又羞怯的离我远去

我兴奋的将手臂举起
想要去抓住它们
它们也和我开着玩笑
在我伸出手时
向着我扑来
在我要抓住它们时
又敏捷的从我指边划过
我不服气
再次伸出了手
猛地抓住了它们
一张张粉红色的脸像是在笑
就像远处放学的小学生们咯咯的笑声。

今日阳光甚好
夕阳斜照在杏花树上
让整个树，花、枝、叶都染了光晕
那些透过杏花枝的缝隙洒下的一束束的光
像是迎接着仙女下凡
来和这杏花比一比谁更美吧
或者是
也被这杏花迷醉了眼
来这里领略一番它们的娇媚

没有什么是十全十美

雨，
有桥如虹，水如空，一蓑烟雨任平生的淡然，
有好雨知时节，当春乃发生的及时，
有雨恨云愁，江南依旧称佳丽的情，
可也有洪水泛滥，一片汪洋，百姓流离失所的痛。

月，
有举头望明月，低头思故乡的怀念，
有明月松间照，清泉石上流的美，
有月上柳梢头，人约黄昏后的浪漫，
可也有月下对决的残酷。

一个人，
有谦谦君子 陌上如玉的温柔，
有丈夫非无泪，不洒离别间的坚忍，
有山无棱天地合，才敢与君绝的绝美爱恋，
有笔落惊风雨，诗成泣鬼神的才华，
可也有十四万人齐卸甲，更无一人是男儿的懦弱。

十全十美？
那只是一个不完美的人写的一首完美的诗。

随意芳歇

繁花落叶，曲径幽巷，
惹一场情丝变黄。
袖口的竹韵，已陈旧，
失了墨绿的清香。

小桥流水，偏偏竹舟，
要流向何方？
舟上，你翩翩公子，
弹一曲诗意流芳。

幽幽空山，静谧消声，
只留你乐的回响。
汇一群彩蝶纷飞，舞动空灵，
伴你琴声相奏一章。

日出的阳光，
明亮了整个心房，
仍不及与你挽云霞归家，
话树下的桑麻。

回归本真的美才是生活

大雪

仰望缤纷的雪
映着流光溢彩的懒阳
翩翩起舞
少女的灵动似那雪仙子
清澈干净

我静静地立于窗前
不肯转头去听那优美的旋律
怕这配起的音乐突然停止
扰乱了心的飘飞

我知道红尘中累了的憔悴
伤了的坚强
都被你吸引
只在此刻
它才敢放下芥蒂
去拥抱最美的你

红尘茫茫
人世沧桑
不管经历了如何
破碎、伤感、冷漠与偏执
全需要你的净化
让尘埃随风飘散
埋于尘土
让纯净与温馨洒满大地
与日月的光华同在

那是纸么

是纸 不是纸
晕染成画
落笔成书
包罗天下事

一张纸
蚕茧抽丝留残絮
纤维薄片
当为初始时

一张纸
白净如雪
点了墨 入了尘世
苦也好 笑也好
心事由谁说

一张纸
出师表中见忠骨
君王虽弱心也诚
魏征敢谏十思疏
开明盛世见明主

一张纸
三都赋里 惜如金
王侯争抢墨客笔
相如有悔 两地书
文君寄郎 终成属

一张纸
也当奸臣叛国信
害的忠良尸骨寒
究竟是纸 不是纸
各种滋味后人断

后人都拿史书比
也有闻诗泪如雨
都想来把前车鉴
却有红尘翻沟里

一纸一纸不是你
你看纸来纸写你
究竟是纸 不是纸
写你人生白如纸

白纸此纯净

71

愁肠

白雪连枝梅影俏，
填诗入画书阁雅，
世人只赞梅骨傲，
哪知梅有心中苦？

为何严寒独自开，
不喜世间纷纷扰，
浮云沧海游子去，
何处寻得明镜台？

年少为有义气傲，
年长又为人情恼，
天涯海北是一处，
世事无常多难料。

独自乘舟向南去，
独自乘舟向北去，
听遍江南水乡谣，
登上群山看天骄。

独自乘车向西去，
独自乘车归东处。
漫漫沙漠尽荒芜，
东边日出有曙光。

歌谣洗尽心中恼，
上山方知天地小，
荒芜之地虽荒芜，
东边仍是有曙光。

白雪连枝梅花俏，
梅花解脱万般苦，
明净之中明镜台，
明镜之中梅花笑。

知否

蝴蝶静待破茧时
绿竹扎根三五年
昙花犹有沉稳性
树成花开蝶飞舞

孩童追蝶趣嬉戏
少年读书夜秉烛
及冠谨记报国志
终得金榜题名时

立业成家志如初
书房竹韵警时时
为官当如竹高洁
才会留名清史垂

楼台霓裳笙歌舞
一时迷途忘初志
时候到来终有报
犹如昙花一现时

苦读多年成了才
却在红尘迷了路
诗书大义都丢掉
快乐无踪心里茫

钱财物欲甩不掉
反悔已无回头路
一朝入了生死门
悔不当初有何用

不如时时勤为政
多把百姓心里藏
虽不暴富犹有余
才能安稳这一生

知否知否真知否
迷路之时不知否
待到知否后悔时
却是知否已晚时

迷失的人生

73

阳光如许

清晨的第一缕阳光，
没有太多的耀眼，
有的只是将红霞染满天际的静美。
傍晚的最后一缕阳光，
没有没落离去的忧伤，
有的只是弥留之际，
也要将最美留在人间的平静。

而那正当盛时的阳光，
如人生中的闪闪发光，
夺目耀眼。
它高高在上，
容易浮躁，
容易迷失在万人仰慕的热烈之中。
愿正当壮年的你卸去浮躁，
享一片岁月静好；
愿你初心不改，
如一股清泉甘甜；
愿你如诗如画，
将最美留在这纷杂的人世间。

等待

心里忐忑，
想知道对与错，
张张嘴，
张张嘴又闭上，
叹一口气，
等待着对与错。
心里莫名的慌乱，
莫名的慌乱，
想知道对与错，
不敢去问你，
怕的是失落。
等待的心慌难诉说，
什么都不想做，
难熬的时刻，
等待着对与错，
希望你快点告诉我，
不管是对错，
快让我解脱。

从不放弃

从无知一路跌跌撞撞，
爬起后
武装了思想
点亮方向
勇敢向上
前路依旧漫长
终点不曾呈像
燃起火光 照亮
不怕路途是汪洋
我乘船去踏巨浪
不管要翻阅多少山岗
我意志不断变强
不怕路途是汪洋
我乘船踏过巨浪
不管翻阅了多少山岗
我意志一直变强
我的希望就在前方

清脆

清脆
玉楼盘
白净
光无洁
人生
是何处
光明
总向善

玉盘
愿做碗
美食
留香甜
玉盘
可观赏
花纹
也高雅

人生
处处是
清脆
白玉盘
修炼
往何处
青翠
绿人间

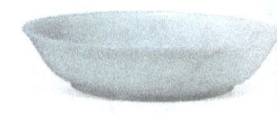

做自己

我的一颗心在焦灼，
我知道对与错，
我知道取舍，
可总是因现实而迷茫。
我没有天资聪慧，
也不才高八斗，
我就是那么一点点的小花朵，
独自着自己的芬芳，
偶尔将花香传播。
我没有香飘万里，
只在周围一米的地方，
在劳作之后，
做着我的娴雅诗情。
一颗心不知道对谁诉说，
偶尔有欣赏的游者驻足，
便令我感动，
我坚信只做自己，
会让自己愉悦。
不必让天涯为我高歌，
不必引蜂蝶舞动山河，
不必游人络绎不绝，
我就是那么独处的小花一朵。

做自己

一颗净化的心

我觉得一颗心被净化，
是因为留住了美。
大自然的风光很美，
在这特殊的时期，
我不曾去探望，
我只在网络上寻找着大家的美。
当我点开大好河山，
我看到了山清水秀，
我看到了晴天蔚蓝，
偶尔云朵柔白，
各色花儿飘香，
溢满我的心胸。
当我辽阔大海，
海上浪花朵朵，
小船悠然沙滩，
不曾远足撒网，
留一处空白的人影，
是老还是少？
当我悠然街头，
家家清饭飘香，
清晨真好，
朝霞携我奔跑，
向着最希望的地方。
我这眼里的风光，
送给我意念，
让我如春光明媚，
心中驻下宽广，
希望永在前方，
让我诗意心香。

**有真心的地方
就是天堂**

79

天晴了

天晴了，
昨日的阴云已经不见，
一片明朗的天，
在眼睛里，
又入了心田。
温暖照在楼上，
我站在其中，
没有言语，
只静静的被它温柔的普照。
这新生的太阳，
多么有力量，
我看到了爱，
慈祥又深情，
不必诉说，
只紧紧的拥抱。
天上的风光很美，
一片纯净的蓝，
我想去翱翔。
当我在空中，
我会看到世界的广大
人之渺小。
太阳会告诉我，
快回家 快回家，
将希望传到。

天晴、心晴

80

爱自己

当你爱自己，
敢于拒绝别人，
敢于为不公发怒时，
别人就会尊重你。
一个人没有情绪时，
他的善良只会被认为软弱，好欺负。
当你认为自己没有能力而不敢发怒时，
那就去修炼自己，
让自己有能力后，
就会变得有底气。
这个世界总有喜欢你的人，
也总有不喜欢你的人。
我们不必介意，
做好自己、
爱自己就好了。

我摔倒了，
我陷入低谷，我悲伤难过，
可转过身后，我还要继续前进，
我告诉自己，只要阳光还照在我身上，就还有希望。

影像

夜静时分，
星河闪耀，
流光垂来，
迎面是风采。
明眸灼灼，
朱唇微启，
轻笑一声，
舞太极如行云流水。
那墨下的儿女，
挥洒丹青书卷，
竹简里观历史变幻，
不变的仍是侠义豪情胆。
千年的儿女情长，
千年的恩怨情仇，
走过了江湖，
至老去都烟消云散。

梅

我更喜欢梅。
宝剑锋从磨砺出,
梅花香自苦寒来。
我喜欢梅的傲雪绽放,
喜欢梅的意志,
喜欢梅的芬芳。
冬日,
没有蝴蝶翩翩飞舞于梅花前,
却有一种独自的暗香。
那清幽,那冷静,那孤独,那顽强,
不需要与谁诉说,
也无须同谁去争艳,
只静静的绽放。
在一片白雪中,
穿着最喜悦人心的红妆,
谱写坚强的人生。
人生,
不要以为一切都唾手可得。
哪一片梅不是经历了寒霜、
经历了苦难,
才将自己修炼的光彩照人。

路的栖息

一条路上
来来往往
路的笔直
走得笔直

两条分叉
一条坚持
一条放弃
脚步多都停在了路上

三种机缘
一种错过
一种抓住
还有一种在观望中
抓住了一边
又不得不放弃

世人难在取舍
只是不明白
自己究竟要什么
总在懵懂中
以为这个是机遇
那个是祸
可到头来都唏嘘一场
塞翁失马焉知非福
那个得到手的
本以为的幸福
又是过错

人生
何必纠结
只需要安心
让现在的日子
活出值得
那便是这一世的
不枉白来过

84

直面情绪

人都有情绪，
只是不在当事时，
谁都以为自己可以超脱。
而当事临了自己，
就无法控制。
我们要坦然接受和承认自己的坏情绪，
在接受之后，
我就想办法慢慢改变吧。
改变不是很容易的，
需要好长时间，
也可能反复。
不要怕，
不要气馁，
去行动就好。

送给所有有志气的人

我还记得，
林清玄的《心田上的百合花》。
它曾经是一株孤独的、小小的百合。
在梦想的路上，
独自隐忍、坚持，
无论蜂蝶鸟雀如何的讥讽，
它依旧坚定、沉稳，
按照心中既定的目标努力着。
当那一株孤单的小百合开遍山野的时候，
它的生命延续在时空里，
消失了曾经的弱小，
留下的是人们的赞叹。
是啊，
很多人都有健忘症，
当看到那个曾经的他（她）崛起时，
没有人会记得他（她）曾经的
努力的狼狈、失败、失落和痛苦，
只关注了他（她）的成功，
甚至感叹是他（她）的运气好。
可只有小百合们自己知道，
当自己孤独的在悬崖边上，
被讥讽时，
它的内心在默默地流泪，
也在默默地成长。
哭吧！
哭泣不是弱者的标志牌，
它也是一种内心的挣扎。
哭吧，
哭过后，
擦干泪，
我们依旧笑着去面对。